Gaby Grausgruber

DA LEGST DI NIEDA

Gaby Grausgruber

Da legst di nieda

Humorvolle Friedhofsgschichtn
in Mundart

Fotografien:
Gaby Grausgruber

Gabriele Grausgruber
Da legst di nieda – Humorvolle Friedhofsgschichtn in Mundart

Verlag Innsalz, Munderfing 2022
Gesamtherstellung & Druck:
Aumayer Druck + Verlag Ges.m.b.H. & Co KG, Munderfing
Printed in The European Union

Fotos: Gabriele Grausgruber

ISBN: 978-3-903321-78-6

www.innsalz.eu

Des gibts zum Lesn

An alle Leser!

Da Friedhof is a Ort, wo ma se als Lebendiga ned so richti woih fuiht. A jeda kriagt a Gänsehaut, wann er auf d'Nacht beim Friedhof vorbeigeht. Obwoi da eh alle tot sand, hat ma a so a bleds Gspüar. Kunnt ja oana ausn Grab wieda aufsteh und ois Geist oda Vampir umadum geistern. Und wann di a so oana dawischt, wirst a Untota, wias frühra gsagt habm.

Daweil is da Friedhof ja a Ort der Stille und Besinnung. Dass mia alle ned unendli sand, sondern a jeda sei End hat, des woin halt vui ned eisehgn. Und es passiern an so an würdevoin Ort ah oiwei wieda gspassige Hoppalas.

Und so hab ih oafach a paar kloane Friedhofs-Gschichtn zamtragn und mecht euch de, mit dem oan oda andan Schmunzln, weidagebn. Alle Texte sand in meina OÖ-Alltagssprach vafasst.

Gaby Grausgruber

Leut schrecka

Wia mei Mann a kloana Bua war, is er mit seine Freund zu jedm Bledsinn aufglegt gwesn. Se habm vor nix Angst ghabt und sand natürli oft aufn Friedhof grennt. Alle warns ah zglei Ministrantn und habm se in da Kircha nützli gmacht.

Wia da Meine so neun Jahr war, is da Friedhof saniert wordn. Da habm de Bagger den Platz mit de ganzn Grabstättn völlig umgrabn. Vorher sand natürli de sterblichn Übareste entfernt wordn. Aba ois habms da anscheinend do ned gfundn.

An an schen Frühlingstag sand de Buam, de Gfrasta, auf de Baustö beim Friedhof grennt. Dort hats vui zum Entdecka gebm. Und bald hat ah scho oana gschrian „Schauts her, da liegt a Knochn!" Ganz aufgregt sans gwesn. Da Ferdinand hat se vor Angst a kloans Lackal in d'Hosn gmacht. Tatsächli, da is a Knochn glegn. Zerst hat se'n eh koana anglanga traut, aba da Sepp war dann stark und hat den Knochn aussazogn. Dann habms nuh a weng s'Suacha angfanga und da Bernie hat an Schädl gfundn. Jetzt war natürli de Entdeckerlust gewaltig groß. A jeda woit an sterblichen Übarest findn. Is aba nix mehr da gwesn.

Gfrasta = Schlingel

Se habm den Knochn und den Schädl mitgnumma, sauba gwaschn und da Siegi hat dann de glorreiche Idee ghabt, ma kunnt den ja am Sonntag, wann d'Kircha is, ins Fensta stelln und a Kerzn dazua anzündn.

Des habms gmacht und am Sonntag in da Fruah, wia de Leut in d'Kircha ganga sand, habms den beleuchtn Schädl gsehng. De Weibaleut habm aufgschrian und a Kreuz gschlagn. Da Bürgamoasta hat dann glei bei da Haustür angläut und da Vata hat aufgmacht. Wia der des gheart hat, hat da Bua oane abgfangt und er hat se beim Bürgamoasta entschuidign müassn. De Knochn habms wieda hergebn, damits eahna ordentliche Ruhestätte kriagn.

De Buam habm aba nuh lang drüba gredt und glacht und se a späta nuh gruslt.
Ja, Ministrantn und Lausbuam sand do oft oans.

Probeliegn

Mei Schwesta is a weng morbid untawegs. Sie mag so gern in de Katakombn umadum spaziern und fuiht se in der feucht-kaltn Luft richti woih.

Oamal hats ma dazöhlt, dass in da Großstadt a Mess für Bestatter gebm hat, und da war sie natürli ah. Da warn de schenstn Särg ausgstellt und ois andare Zubehör, was ma halt für a schene Leich so braucha kann. Für de Armen und de ganz Reichn, es hat wirkli für an jedn was gebm.
Sie is da neugierig durchmarschiert und bei oan vo de Sarganbieter steh bliebm. Da is der Herr, ganz in schwarz gekleidet, auf sie zuaganga und hat gfragt, ob er ihr was zoagn kann. Mei Schwesta hat in Kopf beutlt und gmoant, dass daweil eh nuh ned soweit is.
Er hat dann nuh gmoant, ma kann ah Probeliegn in an Sarg. Damit ma glei woas, welcha Modell oan am bestn taugt.

Und mei Schwesta, de Narrische, hat des gmacht. Sie hat se in an Mahagonisarg, ausglegt mit lila Samt, a unglaublich teuers Modell, einiglegt. Der Bestatter hat den untan Deckl zuagmacht, und wia er den obern Deckl ah zuamacha woit, is meina Schwesta do a weng mulmig wordn. Sie hat gmoant, dass des scho reicht. Sie kann sies jetzt guat vorstelln, wia des Gfuihl in so an

Sarg is. Und ma liegt ja ah wirkli woach. Der schwarzgekleidete Herr huift ihr dann wieda aussa aus dem Endsofa. Kurz lassn ihr de Knia aus und es wandelt sie's a weng. Koa Wunda, wann ma se in sei letzts Bett legt. Mi hätts wahrscheinli glei umghaut.

Ihr hats trotzdem gfalln. A bissal vakrampft lachat is dann weida ganga. Und wanns ehrlich is, a weng schwitzat is da drin scho wordn!

Da schwarze Anzug

Vor a poa Jahr is da Vata vo meina Freundin gstorbn. Es war a schene Leich, d'Musi hat gspuit und de vuin Leut woan vo da schen Grabred vom Pfarra ganz angrüaht.
Mei Freundin hat mia dann dazählt, dass ihr Mann sein schwarzn Anzug fürn Vata hergebn hat, weil der koan ghabt hat. Se habm an eahm anzogn und der hat genau passt. Dann is er in Sarg glegt und da Deckel zuagschraubt, ins Grab abelassn und des Loch zuagschütt wordn.
Nach da Totnzehrung beim Dorfwirt sans alle hoamganga. Da Mann vo meina Freundin hat nuh de ganzn Vawandtn zu eahna hoam eigladn. Wias vor da Haustür gstandn sand, hat er sein Haustürschlüssl gsuacht. Er hat den aba ned findn kinna. Übaroi hat er gsuacht, im Auto, in da Laubm, beim Kellerdeckel, na der war ned zum findn. Dann hat er sei Frau nuh grantig angschnauzt, ob sie leicht den Schlüssl hat. Aba de hat ah nix gfundn. Jetzt is er voi narrisch wordn. „Des kanns ja ned gebm, wer soi denn den gnumma habm." Kopflos is er zwischn seine Brüada und de andan umadum grennt.
Auf oamal is er wia vom Blitz troffn steh bliebm und hat voi Schreck de Händ üban Kopf zsammgschlagn. Jessas na, de Schlüssl sand im schwarzn Anzug, den da Papa anhat. Wia kanns den sowas gebm, dass des neamt aufgfalln is.

Alle sand wieda zruck zum Wirtshaus und da Mann vo meina Freundin is zum Pfarra grennt. De habm in Totngraba ausn Bett ghoilt, und se habm in Papa vo meina Freundin wieda aussaghobn und in Sarg aufgmacht. In Schlüssl habms dann tatsächli in da rechtn Hosntaschn drinnan gfundn.
De Gschicht is natürli glei im Wirtshaus dazählt wordn. Obwoihs ned angenehm war, de Leut habm Tränen glacht und des Begräbnis lang ned vagessn.

angschnauzt = angebrüllt

angrüahrt = berührt

Da Grabschmuck

Heut hat d'Luise a ganze Taschn voi frische Bleame fürs Grab vo ihrn vastorbenen Mann mit – Erika und Chrysanthemen, seine Lieblingsbleame.
Sie gfreut se scho aufs Eisetzn. Es is zwar kalt, aba sonnig. Da geht oan d'Arbeit guat vo da Hand. Wias fertig war, hats übas Kreuz gstricha und laut gsagt: „So Gerhard, jetzt bist wieda frisch aufbett, wia frühra dahoam!" Nachad is mit besta Laune in Richtung Ausgang marschiert.
Wias beim Parkplatz war, is ihr aufgfoin, dass in Korb stehlassn hat. Oiso umdrahn und nuh amoi zum Grab geh. Am Weg dorthi hats d'Maria, a Nachbarin, troffn. De hat erst letzte Wocha ihrn Papa begrabm. Der is bei da Arbeit vom Grüst gfalln und war glei tot. Des war tragisch, aba was kreut er ah mit fast achtzg Jahr nuh am Grüst umadum, hat d'Maria a weng keck gmoant.
Wia d'Luise dann bei ihrm Grab ankemma is, triffts fast da Schlag. Sie steht davor und sagt amoi gar nix. Und des kimmt äußerst seltn vor. Sie reibt sie d'Augn und und kanns ned glaubm, aba sie hats scho richti gsehgn. De gaunzn frischgsetztn Bleame warn weg.
Nach a paar Sekunden hat sie se dafangt. Und jetzt kimmt grad da Pfarra daherspaziert. „Herr Pfarra, Herr Pfarra, jessas na", rennts eahm händeringad glei entgegn. „Ah Unglück, schauns söwa, was für a Unglück. Grad warns nuh da und jetzt sands weg. Alle gstohin.

Herr Pfarra, da müassns was tuan!" D'Luise is übahaupt nimma zum beruhign. Da Herr Pfarra nimmt ihre Händ und moant „In Gotts Nam, Frau Berner, vo was redns denn übahaupt!" D'Luise reißt ihre Händ zruck und deut ganz wuid aufs Grab. „Nau d'Bleame, weg sands, gstoihn sands! Ih habs grad vor oana Stund eigsetzt. Da Dieb kann nuh ned weit sei. Mia müassn eahm suacha." Glei woits zwischn de oanzelnen Gräba duchstaubm. „Halt, Frau Berner, jetzt bleibms ganz ruhig. Mia werdn des in alla Ruah angehn!", sagt da Herr Pfarra zu ihr.
Da Pfarra macht se auf und fangt ganz unauffällig zum Suacha an. Er grüaßt de oanzelnen Besucha im Vorbeigeh. Nach oana halbm Stund is er wieda bei da Luise und moant „Frau Berner, kemmans am Sonntag zur Mess. Mia werdn des ois dem Guatn zuaführn und eahnane Bleame scho wieda findn. Jetzt gengangs amoi hoam und machns eahna an hoaßn Tee. Ih kümmert mih um ois!" Mit Widerwülln geht d'Luise zum Auto und foahrt hoam.
Am Sonntag in da Kirchn sitzt d'Luise ganz vorn und wart was geh passiern wird.

Bei da Predigt erwähnt da Herr Pfarra gewisse Vorkommnisse am Friedhof. „Und wanns ah nur Bleame sand, es is fremdes Eigentum. In Herrgott gfoit so was gar ned, drum wars gscheid, wann der oder diejenige se liaba eigene Bleame kaufat!"

Kurz drauf heart ma d'Kirchatür auf und zuageh, irgendwer hat d'Kircha valassn. Der oda de is in da letztn Kirchnbank gsessn und anscheinend ganz sche nervös wordn. Nach da Mess is da Herr Pfarra mit da Luise zum Grab ganga. Ois war wieda wiars gheart. De Bleame habm gleucht in da Morgensunn, dass a Freud war. Genauso wia da Luise ihre Augn. „Herr Pfarra, wia habms des gmacht! Na sowas!" hat d'Luise voi Entzückn in Pfarra d'Händ druckt. „Derf ich eahna bei Gelegenheit amoi an Bunkö vorbeibringa. Als Danksche für de wundersame Bleamewiedabeschaffung."
Gottes Wege sand oft ned zum Vasteh, denkt se da Herr Pfarra und geht mit oam kloan Schmunzeln zum Pfarrhaus zruck!

Bunkö = Kuchen

D'Totnzehrung

Da Alois war a Mann so gegn 75 Jahr. Eigentli war er oiwei guat beinand, hat vui Sport gmacht und gschaut, dass er se gsund ernährt. Aba er war halt ah a rechta Pedant. Es muass ois sei Ordnung habm, hat er oiwei zu seina Frau gsagt.
Seit a poar Wochn fuiht er se ned so richti woih. Bei da Leba druckts a weng, de Bandscheibm zwickan, d'Augn sand a weng schlechta wordn und seit kurzm gspüart er a Brenna im Brustkorb auf da linkn Seitn. Ja, er woass des genau, er muass jetzt sterbn. Des hat er ah zu seina Frau gsagt. De hat eahm ganz entsetzt angschaut und dann leicht vadadert gmoant, ob er ned vielleicht do zu an Doktor geh mecht. De tadn eahm halt gscheid untasuacha. „Ah, de Pfuscha brauch ih ned. Des kost netta vui Geld", war sei Antwort.
Na ja, so hat er halt ois für sei letzte Stund vorbereit. S'Testament is gschriebm gwesn, an Sarg hat er se ausgsuacht und in Wirt hat er zweng da Totnzehrung vaständigt. Da Wirt hatn gfragt, wann denn de Zehrung sei soi. „Ja, des woass ih do nuh ned. Ih leb ja nuh!", hat da Alois lästi gmoant. „Na, dann kann ih ah koa Reservierung macha", hat da Wirt gsagt und aufglegt.

vadadert = verstört

Da Alois hat se gscheid g'ärgert und späda zu seina Frau gsagt, dass des bessa sei wurd, wann ma de Totnzehrung glei macha tat. Dann hätt' er ah nuh was davo. Also hat er mitn Wirt an Termin ausgmacht. Dann hat er alle Leut, de er mögn hat, eigladn.

Am übanextn Tag is Telefon beim Alois hoasglaufn.
A jeda hat glaubt, dass da Alois scho gstorbn is. „Na", sagt sei Frau zum x-tn mal ziemli gnervt, „er lebt ja eh nuh, aba er wui de Totnzehrung nuh söwa miterlebn."
Da warn de meistn a wengal irritiert. Do kemma sand alle, so was gibt's ja ned jedn Tag, dass sozusagn da Tote nuh söwa beim Leichnschmaus dabeisitzt. Gscheid guat hats eahna gschmeckt und a Gaudi habms ghabt, wia oisa Junge. Bis in d'Fruah sans gsessn.
„Siagst", sagt da Alois zu seina Frau, „jetzt habms mi nuh alle gsehgn und sche is gwesn."

Da Alois is erst mit 93 Jahr friedli eigschlafn. Sei Sarg war, wias eahm einiglegt habm, scho total vastaubt.
De mehran vo de Teilnehma bei da Totnzehrung warn halt leida nimma am Lebn.

Aba so kanns kemma, wann ma ois in Ordnung bracht hat, bevor oan söwa de letzte Stund schlagt.

Da Boandlkrama

Da Boandlkrama is im Land,
Er nimmt dei Lebm jetzt in sei Hand.

Steht vor da Tüar, tuat nimma weichn,
Mit da Lebms-Sensn, an Tod sei Zeichn.

Sei Lumpmgwand wachelt im Wind.
Eahm füacht ah jeda, ob alt oda Kind.

Du mechst eahm täuschn, do er bleibt steh.
Des wirst ned schaffn, du muasst jetzt geh.

Er nimmt di mit, des is ganz gwiß,
Weil er ja da Boandlkrama is.

Boandlkrama = Sensenmann

D'Erbschaft

De alte Theres liegt scho im Sterbezimma vom Krankhaus, sie gspüart, dass ihr letzte Stund kimmt. Ihr Lebm war hart und oafach. Sie hat sechs Kinda zur Welt bracht. Ihrn Mann hats scho bald durch a Unglück bei da Waldarbeit valorn. Da is dann ois nuh a weng mehr zammgschrumpft, des Geld, de Freizeit, de kloan Annehmlichkeitn. Sie hat sie nia beschwert. Was sie aba übahaupt neamt gsagt hat war, dass sie vor a poar Jahr a kloane Erbschaft gmacht hat. Ned vuil, aba es hat g'reicht.

Wia da Pfarra zur letztn Ölung kemma is, warn alle Kinda scho da. Sogar de Jüngste, de seit oan Jahr in Australien lebt.

Nachdem da Pfarra wieda ganga is, san alle Kinda eini und habm se vo da Mama vaabschiedt. A jeda hats gern ghabt. Dann hats eahna nu des vo da Erbschaft dazählt und sie is selig eigschlafn.

Für alle sechs Kinda is a kloans Erbe aussa kumma. Se habm se alle gfreut und da Mama für den Geldsegn im Nachhinein dankt. Nur de Jüngane hat se gwundert, warum se d'Mama nia söwa was vagunnt hat.

Sie, de ois oanzige koane eigenen Kinda hat, wird a Muatta halt nia vasteh.

A grandiose Entdeckung

Mei Neffe is achtazwoanzg Jahr und oana, der bsundars gern aufn Friedhof geht. Da siagt er so schene alte Grabstoana, mit alle möglichn Inschriftn. Er schickt mia oft a Buidl oda sogar a Selfie mit an bsundars schen Engal. Da muass ih dann oiwei lacha; was dem ois eifallt.

Vor a poa Tag halt er mia wieda so a Buidl zoagt und dazua voi Enthusiamus gschriebm, dass er da vielleicht a grandiose Entdeckung gmacht hat. Mei Neffe woit als Kind so gern Archäologe werdn. Auf dem Buidl is a offene Grabkamma zum sehgn gwesn und ganz schwach siagt ma a Skelett mit an riesign Ring auf oan Finga. Der Ring schaut gewaltig teuer aus. Er moant, des war sicha a ziemli reicha Mann.

Mei Neffe hat dann glei im Internet recherchiert, wer in der Grabkammer liegt. De Inschrift war halt leider übahaupt nimma zum Lesn. Er is oafach ned drauf kemma, was des woih für a Berühmtheit gwesn sei kunnt. Des hat er dann oan vom Kunstmuseum dazählt und glei sand de zwoa zum Grab higfoahrn. Da Museumsfreund hat se aufn Bodn niedakniat und ganz vorsichti mit seine Händ, de er mit Gummihandschua gschützt hat, den Ring vom Finger der Leich abazogn.

Wia er den Ring in da Hand ghabt und dann gegns Liacht ghaltn hat, hat er laut lacha müassn. „Woasst Hansi“, hat er gmoant, „da hat da wer an gscheidn Streich gspuilt.

Des is a Ring aus an Kaugummiautomatn. Leida is der gar nix wert."

Mei Neffe hat se a weng gschamt. Aba wia hoassts oiwei „Es is nuh koa Moasta vom Himmi gfalln".
Irgendwann wird er sicha a wirkli tolle Entdeckung am Friedhof macha und dann a berühmta Mann werdn.

D'Sargparty

Vo meina Freundin hab ih vor kurzn a ganz a damische Gschicht gheart. Sie war bei oana Sargparty eigladn. Voi entsetzt hab ih sie angschaut und gmoant, ob's da in oana Garage oda an Lagerhaus warn. De Särg brauchn do an ganz schen Platz.

„Na", hat sie gsagt, „da war a mittel-alter Herr im dunklen Anzug bei oana Freundin, der hat sehr seriös ausgschaut. Und er hat lauta kloane Särg aus Hoiz mitghabt. Woasst, so groß wia für a Puppm. Und da hat se jeda dann genau vorstelln kinna, wia der Sarg in echt ausschaut."
Ihr Freundin hat für alle an Punsch gmacht ghabt, damit de Lebnsgeista ah vo innen angregt wordn sand. Eh klar, sowas braucht ma bei oana Sargparty unbedingt.

„Und, wia is weida ganga", hab ih sie dann scho a weng neugieri gfragt. „Ja, zerscht hat a jeda sei Adress auf an Zettl gschriebn, dann hat der Herr jeds oanzelne Modell genau erklärt, was für a Material, welche Farbm dass gibt und so weida und dann hat jede des Modell zum Angreifn kriagt. De Berta, de ältere Dame aus da Nachbarschaft, hat se do tatsächli so a Modell aus Oachnhoiz, mit innen am dunkelbraun Fell, ausgsuacht und glei a Anzahlung gmacht." „Mia is eh oiwei so kalt, da frier ih wenigstens ned und ih hab des ah glei erledigt", hats lachat gmoant, "weil meine

Kinda de suchan ma sicha a ganz an billign Fichtnsarg aus.“
De oane oda andare hat dann nuh an Folder mitgnumma, weil ma woass ja nia, und dann habms nuh an frischn Erdäpfelkas, Bauernbrot, Radi und a Halbe Bier kriagt.

Nach zwoa Stund hat se der Herr vaabschiedt und die Damen sand nuh a Zeitl ziemli lustig und mit dem oan oda andan Witz beinanda gsessn.

De Berta hat dann gmoant, des war fast wia bei dera Gschirrparty, jetzt fallts ma ned ei wia des hoasst. Des oanzige is, dass des Gschirr uns alle lang übalebt.
Da habms alle recht lacha mögn.

De vaschwundene Leich

Es war vagangenen Summa im Dorf Großau, da hat mei Opa a Haus, so a Sachal, wia ma bei uns sagt. Sei Frau, da Hund, zwoa Katzn, fünf Hasn und a Haufn Hehna warn ah nuh da dahoam.
Oamoi im Jahr habm mia dort an Bsuach gmacht. Des war für uns Kinda oiwei klass. So vui Freiheit zum Spuiln habm mia sonst nirgendwo ghabt.

Aba letztn Somma wars ned so sche. S'Wedda war total varregnt und da Opa war ziemli schlecht beinand. Mei Papa hat se echt Sorgn gmacht und in Gemeindearzt ghoit. Tatsächli hat da Opa a schware Lungenentzündung ghabt. Des is in seim Alter ganz sche gfährli. Hat ned lang dauert und da Opa is gstorbn. Des war a Malhär.
D'Mama und d'Oma habm de ganze Zeit trenzt ois wia. Mia Kinda habm uns ned rührn derfn. Dabei habm mia übahaupt ned vastandn, was des ois hoasst.
Da Opa is im Sterbebett in an kloan Zimma im Erdgeschoß aufbahrt wordn. Bei dem Bett warn vier Radln mit Bremsn dran.

Mia Kinda san de ganze Zeit scho total unruhali gwesn und habm uns am Nachmittag hoamle in des Aufbahrungs-Zimma gschlicha. Mia woilltn uns den Totn auschaun, san ums Bett umegschlicha und habm glaubt, da

Opa schlaft nedda. Dabei is oana vo uns bei da Radlbremsn angstroaft und hat de Bremsn glöst.

Des habm mia aba ned gmerkt. Dann hamma vor da Tür Schritte gheart und san voi g'schreckt oafach bei da Terrassentür aussi ins Freie und umi zum Stadl abghaut.

A poar Stundn späta habm mia uns wieda ins Haus einitraut und da war grad a Riesnaufregung unta de anwesendn Leut.
Da Papa hat d'Mama angschrian „Aba des gibt's ja ned. Es kann do a Leich ned oafach vaschwindn!" D'Mama hat nix drauf gsagt, sondern nur plärrt.
Mia Kinda habm wieda ned vastandn, was da gmoant gwesn is.

A poar Jahr späta habms de Gschicht wieda dazählt. Da hat uns da Papa gsagt, dass des Bett mitm Opa zweng de g'löstn Bremsn zum Rolln angfangt hat, durch de offene Terrassntür aussegrennt und üba d'Wiesn abe bis ins Gellat g'rumpelt is. Des hat koana mitkriagt und alle habm se an Kopf z'brocha, wo de Leich ge hi vaschwundn is. Gsuacht habms wia bled. De altn Tantn habm gmoant, dass vielleicht da Teufi in Opa ghoit hat und dann habm sih se glei bekreuzigt.

Da Jaga Toni hat in Opa mitn Bett zwoa Tag späta im Gellat zwischn de Brennessl und Brombeerstaudn gfundn. Da warn dann alle froh, das ois sein irdischn Gang gnumma hat und da Opa ordentli begrabn werdn hat kinna.

Wer de Radln beim Bett glöst und de Tür vo da Terrassn aufgmacht hat, wissns aba bis heut ned.

Sachal = kleiner Bauernhof

Trenzn = Weinen

Gellat = Gestrüpp aus Laubholz

Satansbeschwörung aufm Friedhof

Da Clemens, da Marcel, de Carmen und de Marlene, da Patrick und da Kevin und de Miriam. De Siebene habm se in da Obastufn zu an Satans-Club vereinigt. Jedn Tag sans komplett schwarz anzogn und mit schwarz gfarbte Haar in d'Schui kemma. Da Patrick hat se sogar so a Indiana-Frisur macha lassn, so an Bartwisch in da Mittn vom Kopf. Fast alle habms irgendwo a Piercing ghabt, a poar habm nuh dazua Tattoos an alle möglichen Stelln herzoagt. Und oiwei, wann Voimond wordn is, sans auf d'Nacht zum Friedhof pilgert und habm dort eahnane Satansbeschwörungen gmacht. Am nächstn Tag san alle siebene erst zwoa Stundn späta in da Schui auftaucht, alle mit rote Augn und komplett weiss im Gsicht.

Da Gerhard und da Anton, zwoa Klassnkameradn, san mit da Zeit draufkemma, wo se de oiwei aufhaltn und in oana Vollmondnacht im Mai sands eahna nachgschlicha und habm se angschaut, was de so treibm.

Da habms dann de Idee geborn, dass denen amoi an ordentlichn Schreck eijagn woin. Se habm se Stoanschleudern bastelt und kloane, gspitzate Kiesel-stoana gsammelt. Dazua habms nuh schwarze Luftballon mit a weng an Wassa und Adl gfuit. De habms zwischn de Blattln vom oidn Kastanienbam, der nebn dem Brunn steht, aufghängt. Mit da voin Schachtl, sands dann beim nechstn Voimond bald gnua zu da Friedhofsmauer und habm se dort vasteckt. Hat ned lang dauert, dann habms de Siebene daherlatschn gheart. De Dirndln habm in da Mittn vom Friedhof, wo da Brunn is, Teeliachtln aufgstellt und alle anzundn.

De Buam sand mit oana Getränkekistn daherkemma, wo Energydrinks, Bier und Schnaps drin war. Um elfe habms dann alle zum Tringa angfanga, a poar Gras-Zigarettn habms ah dabei ghabt. Nach an Zeitl san scho alle guat drauf gwesn. Da Clemens hat dann zwoanzg vor zwölfe ganz theatralisch mit da Teufelsbeschwörung angfanga "Satan, wo bist du, zeige dich uns, gib uns ein Zeichen!" Des hat er a poamoi wiedahoit. Z'gleich san alle rund um den Brunnen tanzt, oda wia ma des nenna soit.

Des war dann des Stichwort für de zwoa Beobachta. Beide habms eahnane Stoaschleudan aus da Kistn gnumma und jedsmal, wenn des Sprüchal zum hearn war, habms an Stoa gnumma und auf de Gruppn zuilt. Oamal habms de Dirndln am Kopf troffn, oamal sand de Stoana in Brunnen gfoin und habm beim Abefoin in Brunnenschacht a unheimlichs Geräusch gmacht, und a poar Stoana habm de Bierdosn troffn, dass üban Brunnenrand aufn Kiesel abeteufet sand. Jedsmoi habm de Dirndl ängstli um sich gschaut. Ja, des war scho gscheit unheimli. Fünf Minutn vor Mitternacht is dann des Gsanglat oiwei lauda wordn und da habm da Gerhard und da Anton mit da Stoanschleudan auf de gfuilltn Luftballons züht. Da san de Ballons mit der Wassajauche genau üba de Köpf vo an jedn z'platzt, dass grad so a Freud war.

Jetzt wars mit da Teufels-Beschwörung vorbei. De Menscha habm kreischt und gschrian und san davogrennt, und ah de Buam habm ois liegn und steh lassn und san abpascht. Da Patrick war ned grad da mutigste und hat se vor lauta Angst in d'Hosn gmacht.
Daweil habm da Gerhard und da Anton vor lauta Lacha nimma kinna. Des hat gscheid gradn!

Am nächstn Tag warn alle „Grufties" scho in da Fruah in da Schui. Da Lehrer hat se ordentli gwundert, was denn da los is. Nach a poar Minutn is da Gerhard aufgstandn und hat zum Lehrer gsagt „Ih muass s'Fensta aufmacha. Es stinkt gewaltig nach Sauadl!"
Dabei halt er vaschmitzt zu de siebn Satansanbeter gschaut. De habm nur an Kopf eizogn und se ned grüahrt.

Und de nexte Zeit hat koana von denen Lust ghabt zum Friedhof z'geh und an Satan z'beschwörn.

Latschn = schlendern, Zoaga = Zeiger

S'End

Wann kimmst du schwarzer Gsöh
Und machst meim Lebn a End?

Mag nimma leidn wia dawöll,
Hab lang nix anders kennt.

Dei kalta Hauch is scho zum gspüarn,
Ih mach de Augn zua,

Kann meine Glieda nimma rüahrn,
Gfrei mi auf d'ewige Ruah.

Glei is er vorbei, mei letzta Tag,
Den ih woih nuh dalebn werd.

Tuats mih eine in des Grab
Und deckts mih zua mit feuchta Erd!

Hier
schweigt
Johanna
Vogelsang
sie zwitscherte
ihr Leben
lang.

S'Testament

Vor a poar Jahr wars, da is de Anna ganz schlecht beianand gwesn. Se hat se beim Stiagnabigeh in Obaschenklhals brocha. Seither is nimma so recht auf d'Füass kemma. Nachdem sie ah ned de Jüngste war, is ins Pflegeheim bracht wordn. Sie hat drei Buam, de alle koa Zeit habm für de Pflege vo da Mama. Dabei hätts ja g'reicht, wenn oana vo de drei ihr a Pflegerin ins Haus ghoit hätt'. Aba des woit koana zahln.
So is halt dann a Zeit im Pflegeheim gwesn, hat se unbandi nach ihrn kloan Gartn g'sehnt und is alle Tag schwächa wordn.

Wia da Dokta de Kinda nacha gsagt hat, dass woi nimma wird, habm sies ins Hospitz bracht. Vor da Tür sand ihre drei Buam gstandn und habm da scho weng da Erbschaft s'streitn angfanga. De Anna hat des ois nuh mitkriagt und hat se gscheit g'ärgert.

Sie hat d'Schwesta bitt, se soi nuh amoil an Notar hoin. Der is dann a halbe Stund späta scho da gwesn. Und sie hat s'Testament nuh amoil gändert. D'Schwesta und a Arzt san ois Zeugn zum Untaschreibm dagwesn. De drei Buam woarn daweil im Cafehaus, weil eahnas s'Sterbn vo da Mama z'lang dauert hat.

Wias wieda auffe sand, is d'Mama scho ganz schwach gwesn. Se habm se vo ihr verabschiedt und vor da Tür glei wieda gstrittn. D'Anna hat in sich einiglacht, de Augn zuagmacht und is vo dera Welt ganga.

Beim Vorlesn vom Testament habm ihre drei Buam ganz sche bled drein gschaut. De Anna hat ois des, was ghabt hat, an Tierheim vamacht.

Weil se halt eh koana was mitnemma kann!

Da Schürznjaga

Es war a warma Septembertag. D'Sabine und ihr Nachbarin Karin gengang oamoi in da Wochn aufn Friedhof und schaun nach de Gräba vo eahnane Eltern. A jede war ausgstatt mit an Korb voi Bleame, Gummihandschua und an Gartnwerkzeug.
Grad wias mittn im Umgrabm sand, hearns vo links auf oamoi a Gschimpfat und Keifat, aba wia. De Zwoa schaun vorsichti üba de Grabstoana und reißn de Augn weit auf. Da kimmt a Mann grennt, der fluacht ois wia. Und hintn nach rennt a Frau, in da oan Hand a Taschal und in da andan a Pistoin! Jawoi, a Puffn!!
Und sie schreit hinta eahm laut nach „Des woar des letzte mal, dass du mi bscheißt. Jetzt zoih ih das hoam, du räudiga Schürznjaga, elendiga!!!"
D'Sabine und d'Karin ziahgn schnell de Köpf ei und vasteckan se hinta de Stoana. Eahna Herz pumpat wia narrisch und de Händ zittern ganz sche.
De zwoa Streitatn san inzwischn im andan Eck vom Friedhof vaschwundn. Dann wars ganz stui.
Und auf oamoi hats oan Schuss gebm. Glei drauf hat wer gfluacht und laut „Aua" gschrian. De zwoa Damen woarn kasweiß im Gsicht. „Jetzt hatsn daschossn", hat d'Sabine leise gsagt.

Nach a poa Minutn sehngs des Weibsbuid wieda vorbeirenna. Sie hat se de rechte Hand ghaltn, de war mit an

Taschntüache eigwickelt. „So was depparts", jammarts laut „schiaß ih ma in mei eigene Hand. Zefix!", hats nuh total unchristli gflennt und is zum Friedhofstürl ausse.
Ziemli ferti stengan d'Sabine und d'Karin vo eahnam Vasteck auf, richtn s'es Gwand und woitn grad eahna Zeugs eipackn, wia da Mann vom hintan Winkel auf eahna zua geht.
Er bleibt steh, grinst und moant „Na de Damen, is ois ok? Derf ich euch vielleicht auf a Glasl eiladn?"
De Zwoa beutln energisch und wortlos de Köpf und san sofort abgschodert. „Der hat Nervn, is grad an Tod auskemma und tuat scho wieda anbandln, des gibt's ja ned", moant de Karin schockiert. „Ja, a richtiga Schürznjaga is vo sowas ned zum stoppn", sagt d'Sabine lachat und se gengan eighängt hoam.
Se woitn ah mit dem seina Frau sicha ned Bekanntschaft macha.

Bruckle gonga,
Bruckle brocha,
Obigfolla
Und versoffa.
Mötz

Ah s'Handy wird begrabn

Wia de Regina am Grab von ihrm grad verstorbenen Mann steht und de Bleama richt und ois Vadorrte ausreißt, bemerkts, das im nächstn Gang a frisches Grab anglegt wordn is. Gewaltig große Kränze woarn dort. Auweh, hat sie denkt, da is woih ah grad oane Witwe wordn. Sie woass wia des am Anfang weh tuat.

Traurig hats ihr Oabat fortgsetzt und dann war ihr auf oamal, ois tat wo a Handy läutn. Sie steht auf und horcht angstrengt in de Richtung, wo's des Brummen g'heahrt hat. Und tatsächli plärrt da wo a Handy mit dem Klinglton „Sex Bomb". Gach is de Regina irritiert, weil des ja so übahaupt ned da her passt. Sie siagt aba neamt am Friedhof, koa oanzige Person!

Dann is wieda ruahle. Sie beutlt an Kopf und werklt weida. Wias mitn Spritzkruag vom Brunn kimmt, läut des Handy wieda."Sex Bomb, Sex Bomb,...", hearts ganz klar. Jetzt wird's da Regina z'bled. Sie geht zum Pfarrhaus, läut bei da Pfarraköchin an und sagt, sie soi do schnell mit ihr mitgehn. Da is wo a Handy und sie woass ned wo.

De zwoa Damen marschiern also zum Grab vo da Regina ihrn Mann und wartn. A Zeitlang tuat se nix, aba dann, ja dann hearn s'es wieda des „Sex Bomb"-Gebimmel.

De Pfarraköchin wird ganz rot und bekreuzigt se. Beide Damen schaun umanand, kinnan aba neamt sehgn. De Pfarraköchin geht dann zu dem frischn Grab und horcht – ja genau, da aus der Gruabn kimmt des Brumma. „Auweh," sagt de Pfarraköchin zur Regina „ih moan da hat wer den Totn mitsamt sein Handy eigrabn."

De Pfarraköchin läut an Totngraba an und dazählt eahm des. Wenig späta kimmt er scho mit Hacka und Schaufel daher und macht se ans Werk. Wia da Sarg dann offn war, hat er des Handy gsuacht und a gfundn. 26 Anrufe in Abwesenheit warn drauf.

„Is eh klar, dass neamt abhebt und ah ned anwesend is. Vom Himmel aba hat nuh nia oana anruafn kinna", breamet da Totngraba und nimmt des Handy mit.
D'Regina hat bei dem Grab nuh auf den Nam von dem Vastorbenen gschaut. Ah, ja jetzt wars ihr klar, sie hat den eh kennt, den K.O.. A oida Hallodri war der, mit siebm ledige Kinda. Mitn Alimente zahln war er ah ned da Beste. Der hat natürli so an aufreizatn Klingelton habm müassn. Wia der ghoaßn hat? Na, wer den kennt hat, woass eh.

Sie und de Pfarraköchin habm se mitn Totngraba nuh auf d'Bank vorm Pfarrhaus g'setzt und a Stampal Schnaps kriagt. Grad wias des Glasl zum Mund gebm, läut des depparte Handy wieda. Vor lauta Schreck hättns bald de Glasl foin lassn.

Da Totngraba hat an Kopf beutlt und dann des Handy auf leise gstellt.
D'Regina hat se nuh denkt, a Handy kannst eigrabn wias'd wuist, des gibt oafach koa Ruah.

Zwoa gfallene Engal

De Gerda und de Bettina kennan se scho ewig und gengan oiwei mitanand aufn Friedhof. Da treffn sa se beim Eingang und dann marschierns zu de Gräba vo eahnane Manna, ratschn und diskutiarn über ois, was so passiert is.

Beim letztn Bsuach is de Gerda scho ganz aufbracht daher kemma, weil ihr Nachbarin heut bsunders gscheat war. Dera ihr Mann is erst vor kurzm vastorbm, aba sie scherrt sie übahaupt ned drum. „Wia se de aufführt, es is zum Schama. Da draht se ihr Mann im Grab um, glaub ma's!", dazählt de Gerda ganz empört. „Schmeissn soi sies, de blede Funsn!" D'Bettina beutlt eifrig und zustimmend ihrn Kopf. Z'gleich gengans glei beim erstn Friedhofsgang eini, entlang vo de Gruftn, bleibm bei da oan oda andan Grabstöh steh und lesn, wann wer gstorbn is. Wias um de Kurvn vorn bei da Trauerweidn gengan, geht de Gerda ganz zuwö zum Grabstoan vom altn Bürgamoasta, weils ja scho schlecht siagt und weils wissn wui, wann der auf d'Welt kemma is. Da gibt's ja ständi so Rechthaba, de a falschs Jahr sagn. Am Bodn, wo de Gruftplattn liegt, san zwoa Eisenring zum Aussahebn vo der Plattn eigossn.

Wia de Gerda se umdraht und wieda auf den Weg geh wui, bleibts mit oan Stöckl in so an Eisenring hänga und sie schmeissts da Läng nach hi. Zum Glück fallts nedda aufn Schotta und hat se nur de Knia und de Handinnenflächn a weng aufgschundn. Gleichzeiti rennt grad a kloana Mann vorbei, der de Frau da am Weg wia an Lappn liegn siagt und sie s'Lacha grad nuh vabeissn kann.

D'Bettina hilft da Gerda auf d'Füass und fragt sie besorgt „Hast da eh ned weh tan?" De Gerda hat den Schreck schnell vawundn, wischt se de Knia ab und is dann glei wieda auf da Höh.
Se san dann zu de eigenen Grabstättn ganga, habm ois gricht und de Bleame gossn.

Beim Aussigeh vom Friedhof, gengangs entlang vo an Wiesnfleckal zum Parkplatz. Da liegt a Stückl Holz aufm Asphalt. De Bettina übasiagt des und scho schmeisst sies in d'Wiesn, genau nebm an Rosenstock. De Knia und de Händ volla Dreck und mit gschreckte Augn, rappelt sie se wieda hoch. Genau da kimmt der kloana Mann wieda daher und jetzt kann er nimma stad bleibm. Er sagt im Vorbeirenna zu de Zwoa „Na, wia geht's euch zwoa gfallne Engaln?", dabei muass er bis zum Auto nuh laut lacha.

De Gerda schaut eahm voi Wut nach und mecht grad sagn „Schmeissn sois die, du…", aba d'Bettina reisst de Gerda beim Arm und schreit „Na, Gerda nimma vawünschn! Oamoil schmeissn reicht ma für heut!“

Gscheat = Dumm, Unausstehlich

Da Bleamedieb

De Aloisia is mit Leib und Seel Pfarraköchin. Des merkt ma ah beim neichn Pfarra. Wia der ins Dorf kemma is, hat er knapp 60 kg gwogn, jetzt kratzt er scho an da 85 Kilo Markn.
Ja, de Aloisia is a rechtschaffns Weibaleut. Sie geht jedn zweitn Tag zum Friedhof, schaut nachm Rechtn bei ihra verstorbenen Vawandschaft und heart se den neichestn Dorftratsch vo de andern Damen an. Des is ah fast wia a kloane Beicht.

Vor a poa Tag hats beim Grab vom Onkel Korbinian neiche Bleame eipflanzt. Auf oamal kimmt de Herta daher grennt, voi aufglöst und mit de Händ fuchtlat. „Aloisia, du wirst as ned glaubm. Da hintn is oana, der vom frischn Grab vom Huaba Naz an Bund Bleama gstoihn hat. Stell da vor, da am Friedhof!", schreits scho vo da Weitn. D'Aloisia lasst ois liegn und beruhigt de Herta zerst amoi. Sie setzn se aufs Friedhofsbankal und dann dazählt de Herta im Detail, ois was gsehgn hat.
‚Na sowas, wer des woih is. So ein Depp, was moant denn der!', denkt se d'Aloisia.
Nach an Zeitl geht d'Aloisia hoam und übalegt, was ma tuan kinnt. Beim Bettgehn is ihr dann scho was eigfalln. Jetzt kanns beruhigt eischlafn.

A Wocha drauf am Dienstag geht d'Aloisia wieda aufn Friedhof, schleppt a Plastiksackal mit und wart, ob wieda was passiert.

Dauert ned lang, da hearts de Sieglinde, wias vo da drittn Grabreih s'schimpfm anfangt. Des is ned weit weg. Jetzt tritt de Aloisia in Aktion. Sie macht ihr Taschn auf, hoit an Bund Brennessl aussa und geht in Richtung Sieglinde. Da siagts vorm Grab vo da Frau Oberschullehrerin Brenner an Mann hockn. D'Aloisia macht an kloan Schwenk um zwoa Gräber und schleicht se vo hintn an den Unbekanntn zuwö. Sie bekreuzigt se und dann hauts dem Mann de Brennesslstaudn um de Ohrn, dass grad so tuscht. Der fangt zum schrein an und duckt se vazweifelt zu de Stoana abi.
D'Aloisia is aba so in Fahrt, dass gar nimma aufhearn kann zum Peitschn. Der sois wissn, dass ma da am Friedhof ned oafach was stehln kann. Wo kemma ma denn da hi. Des is ja a gewisse Störung der Totnruhe, oda? Und Geld hats ja ah kost.

Inzwischn hat se scho a kloana Kreis um des Platzl build, da Totngraba, a poa Friedhofsbesucha, de Sieglinde und andare Neugierige, und irgendwer hat d'Polizei ah scho vaständigt. Wia der Polizist dann da war, hat er zerst da Aloisia de Brennessln aus da Hand grissn, dann hat er

de Zuschauer vastaubt und hat se dem am Bodn liegatn, jammernden Mann angnumma. De Aloisia, de Sieglinde und de Herta sand nuh da bliebm. Se woitn ja unbedingt wissn, wer des war. Wias des Gsicht vo dem Dieb gsehgn habm, is eahna d'Farb abgrennt und se habm gach nix sagn kinna. Oh Gott, des war da ehemalige Krama. Der is scho gscheid dement und wahrscheinli wieda amoi vom Pflegeheim ausbüchst, wia scho öftas. Dann hat er se oafach vom Friedhof a poa Bleama gfladert.
Jetzt war sei Gsicht und de Ohrn halt gscheit rot und gschwoin und er war total vawirrt.
Da Polizist hatn ins Pflegeheim zruck bracht, de drei Damen habm se lautstark bei eahm entschuidigt und sand dann mit hängate Köpf davoganga.

D'Aloisia hat sie als erste wieda gfanga und de andan zwoa Damen eigladn auf a Stampal Brenntn. Des hat a jede nach dem Schreck braucha kinna. Und glei im Anschluß sans alle drei beichtn ganga.

D'Leich vom Buchmeier

Da Weber Alfred is da Leichnbestatta vom Ort. Er und sei Frau habm des Gschäftl von seim Vata übanumma. Aba am liaban sitzt da Weber halt beim Wirt beim Mittagessn und lasst sie a Bratl und de Knödl gscheid schmecka. De zweite halbe Bier is ah scho zum Abeschwoamm da. Da Weber is ziemli guat beinand und mag se gar ned so gern rüahn. Drum sitzt er vui liaba im Gasthaus bei sein Stammtisch mit alle Freund und lasst sies guat geh.

Jetzt lest er dahoam grad d'Zeitung. Auf amoi wird er stutzig. „Helga", schreit er ganz grantig seina Frau „Helga, hast du des scho g'lesn! Da Buchmeier, unsa Nachbar, ist gstorbn. Hast du des gwußt?" Sei Frau kimmt vo da Kuchl eina und lest de Anzeige. „Ja gibt's denn sowas, dass mir des ned gmerkt habm. Na ja, weil ma letzte Woch ah bei da Oma warn. Da hat koana was gsagt. San scho a bsundane Rass, de Buchmeiers", sagts dann nuh schnippisch in d'Luft.

Da Weber is halt ah de meiste Zeit ned so richti am Gschäft interessiert und da kimmt sei Konkurrenz vo da Stadt oiwei öfta zum Zug. Des ärgert an Weber, aba koana kann halt mitm Sterbm wartn, bis dass in Weber endli recht wird.

Jetzt steht er auf und ziagt se an. Er muss zum Buchmeier umi, wenigstens kondoliern. Da kann er dann glei fragn, wer an Sarg liefert. Fast kunnt ma sagn er rennt, wann ma sei Übagwicht mit eirechnet.

Beim Buchmeier vor da Haustür is grad de ganze Familie vasammelt und vor da Einfahrt steht da Leichnwagn vom Stadtbestatter. Wia da Weber zuwö rennt, bringans grad an Sarg mitn Buchmeier aussa. Da Weber bleibt, wia er des siaght, kurz steh, dann geht er do zur Buchmeierin zuawi und gibt ihr d'Hand. „Na sowas, des is aba schnell ganga mitn Mann! Habts gar nix gsagt!" So woit da Weber sein Frust ausdrucka.

D'Buchmeierin hatn mit ihre vom Trenzn gschwoina Augn angschaut und dann gmoant „Mir warn eh zu dir kemma, aba du bist ja ned dahoam gwesn". Da hat er a weng an unguatn Unterton aussagheart.
Dann san alle ins Haus marschiert, da Leichnwagn is weggfahrn und da Weber is da gstandn. Des wurmt eahm jetzt gscheit, dass er so a lukrativs Gschäft valorn hat. De habm sicha nur des Feinste gnumma. Langsam geht er zruck hoam und moant dann zu seina Frau, dass des scho a Frechheit is, dass der Stadtinga oafach glei nebm sein Haus de Leich hoit. Da müassat ma do was tuan!

Ganz nervös war er und hat hi und her übalegt. Gengan Abend is er ins Auto gstiegn und zur Aufbahrungshalle gfahrn. Da is da Buchmeier glegn, im teuern Mahagonisarg mit seidiger Eilag.

A Haufn Kränz warn scho da und sogar de silbern Leuchter habms vorn hingstellt. Wia er den Buchmeier so liegn siagt, kimmt eahm der narrische Gedanke, ma kunnt ja den Sarg mitnemma und in Buchmeier nuh ordentli herrichtn. Also Auto auf, Sarg eine und Abfahrt! Des war a ganz sche starke Oabat.

In seiner „Leichnwerkstatt" tuat er an Buchmeier nuh schminkn und behandln. De halbe Nacht oabat er dran. Am nächstn Morgn geht er zum Frühstück, schaut nuh amoi beim Buchmeier vorbei und marschiert dann zum Stammtisch. Alle warn scho da und es hat vuil zum Dazähln gebm. Spät am Nachmittag is er dann hoamgwackelt. Sei Frau schimpft wia a Rohrspatz, aba er macht zu seina Frau nur a grantige Handbewegung, legt se glei aufn Diwan und is nach zwoa Minutn scho eingschlafn. So wirds Nacht und er schlupft irgendwann ins Bett, wo er weida tramt. Aufn Buchmeier hat er total vagessn.

Am nächstn Tag sitzt er beim Frühstück. Sei Frau bringt grad d'Zeitung und vazoiht ihrm Mann, dass beim

Buchmeier gscheid zuageht. Sie hat nur aufgschnappt, dass d'Leich vom Buchmeier gstoiln wordn is. Da Leichnbestatter vo da Stadt is ah scho da.
Wia da Weber des heart, reisst er d'Augn weit auf und zuckt ordentli zamm. Auweh, jetzt hat er do glatt aufn Buchmeier vagessn, der liegt nuh oiwei in seina Firma.

Was soill er jetzt macha? Ob er des seina Frau dazähln soi. Er trinkt ned amoil an Kaffee aus, so schnell is er bei da Tür aussi. Sei Frau beutlt nedda an Kopf. Manchmal vastehts ihrn Mann überhaupt ned.
Da Weber fahrt zur Firma, rennt eini ins Haus, geht zum Sarg und übalegt, wia er den jetzt ohne gressas Aufsehgn zur Aussegnungshalle zruckbringa kunnt.

A wengal ärgert er sie söwa, weil er gestern so spat hoam is. Er bringt den Sarg zum Auto, wart bis er koane Leut mehr siagt und dann fahrt er Richtung Aussegnungshalle. Schwitzn tuat er wia bled.
Vor da Halle mecht er grad in Sarg aussatuan, da fahrt da Leichnbestatter vo da Stadt mit voim Karacho zuwa. Da Fahrer steigt aus und siagt natürli in Weber mitn Buchmeier sein Sarg steh. Jetzt wird's grob. Der rennt zum Weber, packt eahm bei da Gurgl und schreitn an, ob er total deppert is. Er kann do ned oafach de Leich mitn Sarg stehln.

Da Weber war voi vadadert und hat nedda a poa Gragatzer viara bracht. Dann habm sie se beruhigt, an Sarg in d'Halle gschleppt und da Weber is mit am rotn Kopf hoamgfahrn. Der war vielleicht fertig, so was Peinlichs. Des wann aussa kimmt, da braucht er se im Ort nimma sehgn lassn, geschweige denn beim Stammtisch.
Damits ned so bled ausschaut, dazählt er reumütig ois seina Frau, packt zamm und de zwoa fahrn oafach zur Oma für a poa Tag, damit Gras üba de Sach wachsn kann.

Wias wieda dahoam warn, hats oiwei nuh ordentli kracht. De Buchmeiers habm eahm de Freundschaft kündigt und beim erstn Stammtisch hat er glei a Rundn zahln derfn. Des is eahm nuh nia passiert, dem altn Knauserer.

De Bezeichnung „Leichnfladerer“ is eahm trotzdem sei Lebtag bliebm.

Gragatza = Töne

A Dosn aus Amerika

De Helene hat ganz a große Familie, mit vui Cousins und Cousinen, vastreut auf da ganzn Welt. Oa Tante lebt sogar in Amerika, in Massachusetts. Vor a poa Wocha is vo da Tant a Pakal ankemma. D'Helene hat ganz sche g'schaut, wia da Postla des Riesenpakal bracht hat. "Oha", hat de Helene gmoant „de Tante Anni hat se da wieda was gscheids antan." Da Postler hat drauf gsagt „De Amis moanan ebban, mia habm da bei uns nix gscheids, oda!" und dann hat er bled glacht. So a Depp.

D'Helene is mit dem Pakal glei ins Wohnzimma, ihr Mann, da Gerhard, is grad vorm Fernseha gsessn und hat Fuaßball gschaut. „Schau Gerhard, was uns de Tante Anni wieder für a mordsdrum Pakal gschickt hat. Des is halt scho a ganze Wocha untawegs!" Voi Spannung reißt de Helene de Kleber und de Schnür aba und schneidt des Pakal mit an Stanleymessa auf.
Und dann siagts den Inhalt:
A Fotobuach vo da Tante Anni und vom Onkel Georg, a Pakal Erdnussbutta, de sche langsam a Batz wird, a amerikanische Flagge zum Aufstelln aufn Schreibtisch, a Riesenportion Popcorn und a silberne Dosn, so groß wia a Kecksdosn. Auf alle Sachan hats an kloan, handgschriebnan Zettel auffe pickt, nur auf de Dosn ned. D'Helene hat ois auspackt, und de Dosn mit de andan Lebensmittel in d'Küch gstellt. Wias de Dosn auf

macht, is drin a weiß-gräulichs Pulver. Was des geh sei soi, denkt se de Helene. Vielleicht is des a bsundas Backpulver oda a Mehl. Und weils eh grad an Bunkö macha mecht, fangts glei zum Mixn an. A poa Eier, Zucker, Milch und dazua schütts glei a weng was vo dem weißgrauen Pulver. Da Bunkö is dann nach oana Stund fertig gwesn. Se habm se a Stückl abagschnittn und probiert, aba irgendwia hat er a wengal fad gschmeckt.

Am nächstn Tag zum Frühstück habms wieda a Stückl Bunkö essn woin. Da Briaftraga hat z'gleich an da Tür g'läut und de Post bracht. Da war ah a Briaf vo da Tante Anni dabei. Sie schreibt, dass ihra söwa guat geht, aba da Onkel Georg is vor a poar Wocha gstorbm. Nachdem er als oida Österreicher gern dahoam begrabm werdn woit, hats eahna de Dosn mit da Aschn vom Onkel Georg zuagschickt. Se soin eahm do bitt'sche im Familiengrab beisetzn.

Wia de Helene des glesn hat, is ihr gach a wengal schlecht wordn. Da Gerhard woit grad a Stückl Kuchn nemma, den hats eahm glei aus da Hand gschlagn und total fertig gmoant „Na Gerhard, den derf ma ned essn, des is da Onkel Georg." Da Gerhard hats angschaut, wia wanns jetzt ganz deppert wordn war. De Helene hat eahm sofort in Briaf zum Lesn gebm. Da is er aba gscheid blass wordn. De Lust auf was Süass is eahm dann sofort vaganga.

Ganz gschami hat d'Helene de silberne Dosn gnumma, den ganzn Bunkö, ohne der oan Schnittn, des scho gessn habm, in de Dosn batzt und an Deckel zuagmacht. Dann sans, ohne Frühstück, glei zum Friedhof und habm de Dosn zu de Eltern vo da Helene und zur Tante Mitzi ins Grab eiglegt. „Er ruhe in Friedn, ah wenn er jetzt a Bunkö is" hat de Helene gsagt und s'Kreuzzeichen gmacht.

Des Bunkörezept hat de Helene nie wieda hergnumma, weils jedesmal an schlechtn Magn kriagt hat, wanns an des oane Stückl denga müassn hat, des vom Onkel Georg vaspeist habm.

ebban = vielleicht

Gach = kurz, jäh

batzt = zerdrückt

Da liegn Gsündane in da Leichnhalle

Da Karl, a Frühpensionist, lebt am Sterahof beim Bach untn in an kloan Zimma. Dort hat er lang ois Knecht goarbat und iatzt sei Ausgedinga kriagt. Seit Jahrn is er a professioneller Durschtlöscher und in jedm Gasthaus bestens bekannt. Wann er ah nur vo da Sozialhilfe lebt, seine offenen Bierdeckln hat er do oiwei zahlt. Und wann er wieda amoi länger sitzt und de Biere ah oiwei mehra werdn, dann kanns passiern, dass er nimma direkt hoamfindt.

Z'letzt is eahm passiert, dass er beim Hoamgeh vom Hollawirt gscheid oan drauf ghabt hat. Wia er beim Friedhof vorbeikemma is, war er ziemli müad. Bei da Leichnhalle war de Tür offn. Da hat er ned lang denkt und is eini in de Aufbewahrungshalle. A leera Sarg is ah drin gstandn. Oiso hat er se oafach einiglegt, wird scho neahmt an Deckl drauftuan. Auf da Stell is er eigschlafn. Des Schnarcha hat ma bis zum Pfarrhof gheart. D' Pfarraköchin Karoline hat gmoant, es san de Igl. Da Totngraba hat glaubt, es is a kaputts Wassaröhrl.

A poar Stund späta is da Leichnwagn mitn Breabaun Alois, Gott hab in selig, zur Leichnhalle kemma. Da Peter, da Sargnagler, wias in Bestatta nennan, geht ei in d'Aufbewahrungshalle. Er siagt an Sarg steh und wui den abahebn. Da siagt er in Karl drin liegn und denkt se ‚Geh weida, hab ih da oan vagessn'. In dem Moment reissts an Karl gscheid, er setzt si auf und kennt se gach übahaupt ned aus. Da Peter steht vor eahm und schautn an wia an Geist. „Griass de", lallt da Karl und kreult a wengal umständli ausn Sarg aussa. „Ja eh", is ois was da Peter sagn kann, mehra fallt eahm vor lauta Schreck ned ei.

Da Karl, nuh oiwei a poa Promille im Bluat, wackelt ausse bei da Tüar und siagt de offene Heckklappn vom Leichnwagn, wo da Breabaun Alois nuh oiwei aufs Ausladn wart. In Karl kimmt a Plärra aus und dann schreit er in sein Restrausch eini „Da liegn ja Gsündane in da Leichnhalle". Laut lachat draht er se um und schlurft hoam.

Des Ereignis hat schnell de Rundn gmacht. Ah jeda hat glacht, ah wann da Anlass gscheid traurig war.
Aba der Spruch is an Karl sei Lebtag bliebm.

Ausdinga – Verbleiben

Kreult - Kriecht

D'Grabred

Da Onkel Hans hat vor a poar Tag seine letztn Atemzüge gmacht und is, vasehgn mit de heilgn Sterbesakramente, vo uns ganga. Sei Lebtag war er, a glernter Buchhalter, recht genau und übapünktli. Natürli hat er ah sei Ablebm voi organisiert, das ja nix schiefgeht. Da Sarg war ausgsuacht, d'Mess war bstellt und statt de Kranz woit er, dass d'Leut des Geld spendn.

Wia dann alle an sein Grab gstandn san, hat sei Frau nach da Red vom Pfarra an Kasettnrecorder vor ihre Füass gstellt und eigschalt. Da hat dann a jeda in Onkel Hans gheart, wia er sei eigene Grabred ghaltn hat.

„De kinnan ja alle ned gscheid redn", hat da Onkel Hans selig zu seiner Frau oiwei gsagt, wias bei oan vo seine vastorbenen Freund am Grab gstandn san. „Bei mir wird amoil was gscheids vazoihlt. Und billiga is ah". Da hat er oiso nachad sei eigene Grabred niedagschriebn und sei Frau hat eahm beim Aufnemma mit dem kompliziertn Gerät g'hoifn.

De mehran Besucha habm zwar ganz sche gschaut, wias in Onkel Hans sei Stimm gheart habm, aba dann eh mit de Köpf gnickt.

Wias hoam ganga sand, hat oana gsagt „Is ja eigentli koa schlechte Idee. Aba gar so lobm hätt' er si söwa ah ned müassn!"

Etla = einige

D'Schuildn sterbm mit

D'Rosina is a mordstrum Weibaleut. Sie hat als Exekuterin goarbat und hat scho alloane mit ihrer Größ de Leut beim Geldeitreibm eigschüchtert. Wann sie kemma is, hat a jeda freiwillig den letztn Pfenning schnell hergebm.

Wia oana vo ihre Klientn oafach gstorbm is, hats des gscheid g'wurmt. Er war nuh a schene Stang Geld schuidig. Weil d'Rosina aba ned glaubm hat kinna, dass der se nix auf d'Seitn g'ramt hat, hats koa Ruah gebm und zum Suacha angfangt. Bei eahm dahoam war nix da, was ihr an Wert aufgfalln war. So is dann ah zum Friedhof ganga und hat bei dem sein Grab genau nachgschaut. Hätt' ja sei kinna, das wo a Kistn oda Schachtl, de nuh an wertvoin Inhalt birgt, mit ins Grab kemma war. Detektivmäßig is rundum gschlicha und hat jede Erhebung genau inspiziert. An jedn Stoa um de Gruabm hats aufghebt, aba sie hat nix gfundn.

Wias dann so im Grübln war, hats an Schritt z'vui viare gmacht und rumps, is d' Rosina ins offene Grab einigrutscht. Jetzt is in da Gruabm gstandn, mit oan Stöcklschuah hat sie se im Sargdeckl vahängt. Hilfe hats nachad laut gschrian, weils nimma aussakemma is!
Durch ihr Plärrat san sche langsam a poa Leut zammkemma und habm vo obm ins Grab einigschaut. De alte Resi hats dann kennt, wer da drin is und abegschrian

„Nau Rosina, hast es ned lassn kinna und woitst an Totn ah nuh s'Geld aus da Taschn ziagn!", und z'glei hats ganz bös glacht. Schließli is da Totngraba mit oana Loata ankemma, de hat er zur Rosina abelassn, de da untn gscheid bitzlt und gwerckt hat. Da Hauer Klemens hat nuh zum Totngraba gmoant „Ah de kannst eh a weng untn lassn, de muass eh vui Sündn abbüassn." Volla Dreck und mit oana rotn Kletzn is aussa kräut und glei ohne Danksche zum Auto grennt.

Ja, de Rosina, de hat se ned vui Freund gmacht. Des war ihr aba wurscht, sie war nur aufs Geld scharf. Do manchmal kimmt ah ihr oans aus.

Kletzn = Gesicht

Bitzln = zornig sein

Hier liegt mein Weib.
Gott seis gedankt,
oft hat sie mit mir gezankt.
O lieber Wanderer
geh gleich fort von hier-
sonst steht sie auf
und zankt mit Dir.

Aussa Spesn nix gwesn

Da alte Hofrat is vastorbm. Sei Witwe, de Serafina, war scho oiwei a sehr bestimmende Person. Sie hat für ihrn Mann ois entschiedn und ah bei jeda Gelegenheit eahm dagegn gredt.

Kurz vor Allerheilign is s'Grab bsundars sche gricht und mit am bsundas teuern Blumenschmuck gschmückt wordn.
Mißtrauisch hat de Serafina de Nachbargräber begutachtet. Na, es war koans so sche wia des ihrige. Oan Tag vor Allerheilign is nuh amoi zum Grab ganga. Se woillt ois kontrolliern. Wias dort steht, is ihr fast schlecht wordn und im Gsicht wars total weiß. Da Bleameschuck war weg! Mit zittrige Händ hats sofort d'Polizei angruafn und hat den Diebstahl gmeldt. De san nur widawillig zum Tatort kemma. Mit wuilde Gestn hat de Serafina de zwoa Beamtn des ganze Dilemma beschriebn. Als Vadächtige hats sofort ihr Nachbarin angebn, weil de is, des woas sie genau, sowieso an jeda Gemeinheit beteiligt. D'Polizei hat ois aufgnumma und woit dann zruck zum Postn. „Na, es bleibts nuh da," bestimmt de Serafina „es kinnts de Diebin ja glei mitnemma". Sie hat de zwoa Polizistn oafach zwoa Reihn weida zum Grab vo da Nachbarin gschobm. D'Nachbarin hat grad in Grabstoan putzt und gar nix bemerkt, wia da der ganze Tross zu ihr marschiert is. Glei hat d'Serafina s'Kommando übanumma und, mit

vor da Brust vaschränkte Arm, d'Nachbarin aufgfordert sofort de Bleame aussa z'rucka.

D'Nachbarin war gach a weng vadaddert, hat se aba schnell gfanga. Und weil des ah a weng a Scharfe war, is glei auf d'Serafina losganga. „Was willst denn du?", hat sie se aufplustert „Ih hab nix gfladert, oda siagst du wo deine Bleame?" D'Nachbarin war aus Osteuropa und des hat ma glei gheart.
„Na, da werd ih geh amoi mein Rechtsanwalt beiziagn. Des lass ih ma übahaupst ned gfalln", hat d'Serafina, vo obm aba schauat, de Andane angschrian. Dann is mit voim Karacho abgrauscht.

De zwoa Beamtn san vom Friedhof gschlicha und ins Büro ganga. Se habm den Vorfall natürli niedaschreibm müassn.
De Serafina hat dann tatsächli Klag' eibracht. Sie hats sogar zammbracht, dass se vom G'richt sechs Leut beim Tatort zwecks an Lokalaugnschein eigfundn habm. D'Nachbarin war ah da. Am End is eh nix aussakemma und da Richta hat de zwoa Streithenna de Kostn vakündt. Wias de Summe gheart habm, is eahna d'Farb abglaufn und dann sans kloalaut hoam marschiert. D'Gerichtskompanie hat se nachad auf a Jausn und a Halbe Bier beim Wirt zamm gsetzt.

D'Bleame habms a Zeitl späta aufn Misthaufn gfundn. Irgendwer hat da woil a Wut auf d'Serafina ghabt. Und da stimmt des Sprichwort do wieda „Aussa Spesn nix gwesn!"

De Gruabm is z'eng

Da Erwin is seit zwoanzg Joahr Totngraba. Da hat er scho vui dalebt und allahand is passiert. Was er nia vagessn kann, is des Begräbnis vom Kogler Berndl.
Wia da Berndl s'Zeitliche gsegnt hat, war er so an de 180 kg schwar. Da Bestatta hat vo eahm Maß gnumma und da is er scho gscheid nervös wordn, weils fürn Berndl sei Leibesfülle koan Soarg ghabt habm. So habms halt a Sondaanfertigung bstelln müassn.
Da Transport vo da Leich zum Friedhof in d'Aussegnungshalle is nuh ganga. Aba dann! Da Erwin und seine Helfa habm de Gruabm ausghobm, so wia oiwei. Dann is Begräbnis losganga. De Trauergäst habm se nach da Mess ums Grab gstellt, da Pfarra und de Ministrantn habm den Berndl vaabschiedt. Zum Tragn vom Sarg habms gstatt vier Manna sechse braucht, und de habm se nuh gscheid plagt, weil er do so schwar war. Wias dann den Sarg in d'Gruabm abelassn woitn, is der aba stecka bliebm. S'Loch war z'eng! Mah, da halt se da Erwin gscheid g'ärgert. Jetzt habms den Sarg halt a so steh lassn müassn.
Wia de Feierlichkeitn umi warn und de Leut se ins Wirtsthaus zruckzogn habm, hat da Erwin mit seine Leut den Sarg wieda zruck in d'Aussegnungshalle bracht.

S'Loch habms aba erst am nextn Tag gressa gmacht, weil aufn Leichnschmaus woitns dann do ned vazichtn.

Da schene Schorsch is nimma

Letztn Samstag is am Friedhof vo Sternhausen a gscheida Zuagang gwesn. Da Georg Zeidler, gnennt habmsn „da schene Schorsch“, is eigrabm wordn. Er war sei Lebtag a Lebemann. Wanns nua irgendwia ganga is, war er bei jeda gsellschaftlichn Gelegenheit dabei, hat se oiwei an de feschan Weibaleut gmacht und mit sein Charme a jede eigwickelt. So manche vo de hat ah nuh mehra vo eahm kriagt. Ned nua bei de Einheimischn, na ah in da Stadt war er weitum ois Casanova bekannt. Koana woass wiavui ledige Kinda er scho hat, des habm wahrscheinli ah de Frauen söwa ned genau gwusst.

Und jetzt is er tod. Er liegt in an oafachn Fichtnsarg, obmdrauf a kloans Gesteck mit rote Rosn. Bei sein Grab warn so vui Frauen, dass da Friedhofswärter zu seine Sargtraga gmoant hat „Des hats bei uns ah nuh nia gebm, dass neunzg Prozent Weibaleut bei an Begräbnis san. Der muass zu Lebzeitn scho was Bsundas gwesn sei“.

Am Grab hat da Pfarra sei Rede ghaltn, dann ist da Bürgamoasta drankemma und schließli hat da Frauenchor a Abschiedsliad fürn Schorsch gsunga.

Trenzt habms alle wia bled und oane hat sogar gschrian „Na mei Schorschi, ohne di kann ih do ned sei!“ Des war vielleicht a Theater.

Nachn Begräbnis san alle zum Jagawirt ganga. Der hat halt desmoi mehra Wassal, Kaffee und Kuchn vakauft ois Bier und Schweinsbratn.
Koana hat de kloane Frau bemerkt, de unscheinbar, ganz schwarz anzogn, beim Grab gstandn is und a oanzelne weiße Rosn ins Grab gschmissn hat. Des war in Schorsch sei Frau. De hat trotz seine Spampanadln oiwei zu eahm ghaltn. Sie hat ihrn Schorschi oafach mögn.
„Ih wünsch da im Himmel recht vui Engal, de dir ah da drobm dei Lebm sche machan", hats hoamle ins Grab einigsagt und dann is traurig alloane hoamganga.

A gscheida Viecharei

Da Siegi is a voi gmüatlicha Kund. Seit zwoa Jahr geht er regelmäßig zum Friedhof, wo er seina vor zwoa Jahr vastorbenen Frau sei Aufwartung macht. Bevor er hoamgeht, sitzt er se oiwei nuh auf d'Holzbank beim Friedhofseingang. Da kanns dann scho passiern, dass er im hoamlichn Zwiegespräch mit seina Frau nach oana Weil a weng wegdüselt. Irgendwann wird er wieda wach oda a Friedhofsbesucha weckt eahm auf. Halt oiwei des gleiche.

Nur letztn Dienstag wars anders. Oiso da Besuch bei seina Frau bis zum Hisetztn auf d'Holzbank hat passt. Dann is da Siegi wieda amoi eigschlafn. Noch a poa Minutn gspüart er was rauhs üba d'Haut vo seine Arm und Füaß stroaffn. Gach kennt er se übahaupt ned aus, was da jetzt passiert. Wia er seine Augn aufmacht, glaubt er se im falschn Film oda eppan scho im Himmel? Rund um eahm stengan etla Küah, schaun eahm mit eahnane Glupschaugn groß an und de oa oda anda schleckt hoit üba de salzig-schmeckate Haut vom Siegi. Wia er dann so richti munta war, hat er an ordentlichn Schroa aussalassn. Im gleichn Moment is da Friedhofsgärtner zuwa gfoahrn und siagt de Kuah-Armada beim Eingang vom Friedhof steh. Gschreckt hupft er aussn Auto und nimmt an Stecka mit, damit er de Küah ausanandastaubm kann.

Wia dann de Viecha endli weg triebm warn, siagt er an Siegi auf da Bank sitzn. Der is voi vadadert, schaut wia a Oachkatzl und zittat am ganzn Körper. „Siegi, de Küah san scho weg, kannst scho aufsteh", schreit da Gärtner an Siegi an. Endli hat da Siegi gneist, dass des ganze wirkli wahr gwesn is. Wia er dann aufgstandn und aufn Gehsteig gwackelt is, steigt er ah nu in an gewaltign Kuahfleck.
Heut reichts eahm, er geht hoam und nimmt se ois erstas a groß Glasl Söwabrenntn. So a Viecharei braucht er so schnell ned wieda.

wegdüselt = einschläft

gneisst = verstanden

Koa Zeit zu Sterbm

Ich hab koa Zeit zum Sterbm.
Es gabat ah nix zum Erbm.

Mei Haus hab ih in Pfarra vamacht.
In Schmuck hab ih zum Pfandhaus bracht.

S'ganze Gwand des kriagt s'Altersheim
Und s'Auto wird beim Nachbarn bleibm.

Oiso is eh füar neamt was da,
Ned amoi fürs Enkal fallt was ab.

Drum gfreuts euch, wann ih lang nuh leb
Und ned so schnell in Himmi schweb!

DER ERSTE UND LETZTE
BUCHSTABE DES
GRIECHISCHEN ALPHABETES
STEHEN FÜR
ANFANG UND END
SIE GELTEN ALS SCHLÜSSEL
DES UNIVERSUMS
STELLEN EIN SINNBILD
FÜR VOLLKOMMENHEIT
UND ÄSTHE DAR.

Fotoquellen

Seite 10	Kirche Höhnhart
Seite 15	Schmiedeisenkreuz
Seite 22	Fensterkreuz
Seite 24	Reichel-Kapelle Gurten
Seite 27	Grablicht
Seite 30	Regenbogen
Seite 34	Stadtpfarrkirche Ried i.I.
Seite 39	Kreuz mit Spruch
Seite 45	Würfelskulptur LMS Ried
Seite 48	Kreuz mit Spruch
Seite 52	Baumkronen
Seite 59	Blumenampel
Seite 65	Himmelskreuz
Seite 71	Kirche Gurten
Seite 76	Kreuz mit Spruch
Seite 86	Marmortafel, Friedhof Linz

Fotos: Gaby Grausgruber

Nachwort

Wer se mit dem Büachl ausanandagsetzt hat, wird feststelln, dass s'Sterbm ganz was Eigens is. Mir alle san betroffn und do wui koana geh.

De Gschichtln kinnan teilweise wahr und teilweise erfundn sei. A jeda kann se des söwa aussuacha. Dank sche an alle, de mi mit eahnane Ideen untastützt habm.

Mi gfreits auf alle Fälle, dass meine Gschichtln bei alle Leser und Leserinnen Interesse gweckt habm.

Die Texte haben nichts mit lebenden oder verstorbenen Personen gemein.

Die Autorin

Gabriele Grausgruber, geb. 1957, verheiratet, lebt in Gurten. Sie schreibt Kinderbücher, aber auch Bücher in Mundart und Hochdeutsch, Texte in der Alberndorfer Anthologie und der Frankfurter Bibliothek, diverse Veröffentlichungen in Medien.
Anerkennungspreise für Kinderbücher anlässlich der Internationalen Kinder- und Jugendliteratur-Wettbewerbe in Schwanenstadt 2012, 2013 und 2020.

Mitglied im Schatzdorfer-Verein
Mitglied bei den Mörderischen Schwestern eV

Erschienene Werke:

„Erlebnisse - Erkenntnisse"; Gedichte und Kurzgeschichten, 2013, Eigenverlag

„Fang d'Sunn ei, lass d'Schattn falln"; Gedichte und Kurzgeschichten in Mundart, 2014, Aumayer-Verlag Munderfing

„Passt Scho", Gedichte und Kurzgeschichten in Mundart, 2016, Heyn-Verlag Klagenfurt

„Märchen über Pärchen", Märchen für Erwachsene, 2018 (Gruppenwerk), Akazia Verlag Gutau

„Gedacht, Gesagt, Geschrieben", Lyrik und Prosa, 2018, Innsalz-Verlag Munderfing

„Finstere Geheimnisse", Kurzkrimis (Gruppenwerk), 2019, Akazia Verlag Gutau

„Geh weida!", Gedichte und Kurzgeschichten in Mundart, 2019, Innsalz-Verlag Munderfing